Eva la apicultora

Por Jane Manners

CELEBRATION PRESS
Pearson Learning Group

Contenido

Conoce a Eva Prieto

¡Zumbido por todas partes! Eva Prieto conoce bien ese sonido. Ella es una **apicultora**. Una apicultora cuida abejas. Eva también recoge la miel que producen.

Eva ha sido apicultora por mucho tiempo. Sabe muchas cosas acerca de las abejas. "Siempre hay algo nuevo por aprender", dice ella.

Las herramientas de una apicultora

La colmena

Las abejas viven y trabajan en los **panales**.

Las abejas de Eva viven en **colmenas**. Estas colmenas son cajas hechas de madera. En cada colmena vive un grupo de abejas, o **colonia**. Hay miles de abejas en una colonia.

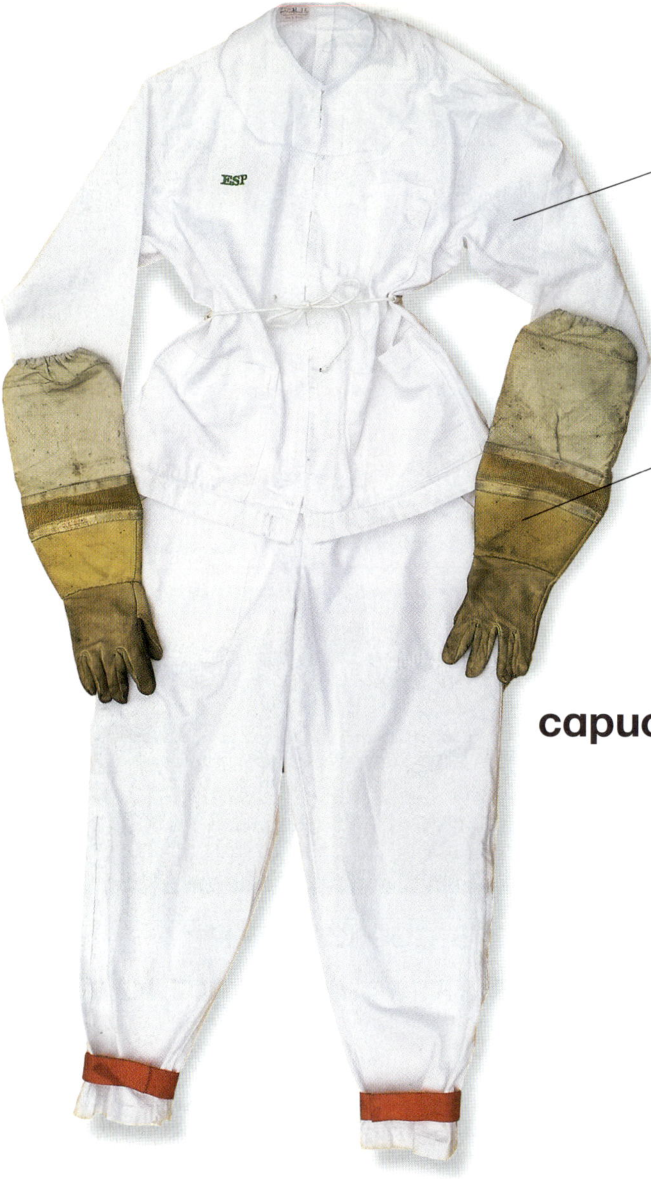

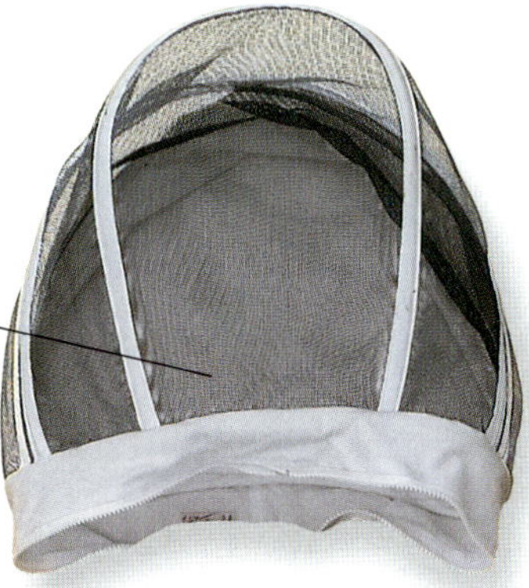

La malla de la capucha protege la cara de Eva de las abejas.

Eva usa ropa especial cerca de sus abejas. Ella usa un **traje protector**, una capucha y guantes.

La ropa ayuda a proteger a Eva de las picaduras de abejas. "Me dan miedo las abejas sin mi traje", dice ella. "Si lo tengo puesto, no tengo temor".

El año de Eva

Eva se mantiene ocupada todo el año. En invierno, alimenta a las abejas con agua azucarada y miel.

En primavera, Eva revisa las colmenas.
Se asegura que cada una está limpia.

En verano, Eva se asegura que sus abejas tengan agua cerca.
El agua refresca las abejas.

Abejas y néctar

Las flores tienen néctar. Un líquido dulce que chupan las abejas.

¡En verano, las abejas de Eva también están ocupadas! Llevan **néctar** y **polen** a la colmena. Allí, convierten el néctar en miel.

Recogida de miel

Eva coloca cada panal de las cajas en una máquina. Así es como recoge la miel.

En otoño, Eva recoge la miel. Primero, traslada las abejas a otra parte de la colmena. Después, reúne los panales. Una máquina recoge la miel de cada panal.

Eva vende la miel que producen las abejas. También usa la miel para hornear pan. A Eva y su marido les gusta comer pan con miel.

Ser apicultora

A Eva le gusta contarle a la gente acerca de su trabajo con las abejas.

¿Qué es lo mejor de ser apicultora? Eva dice: "Me encanta estar cerca de la naturaleza".

Glosario

apicultor/a	una persona que cuida abejas y recoge su miel
colmenas	lugares donde viven y hacen miel las abejas
colonia	un grupo de abejas que viven en una colmena
néctar	un líquido dulce en las flores
panales	partes de madera de una colmena donde las abejas almacenan miel
polen	el polvo en las flores que ayuda a formar semillas
traje protector	ropa especial que usan los apicultores para evitar picadas de abejas